AF245684

Notice

SUR

PORTO-FARINA

(Tunisie)

(Port Corsaire et Arsenal des Beys)
SON PASSÉ, L'ESCLAVAGE

par

Paul CÉZILLY, LICENCIÉ EN DROIT

avec une étude sur l'état actuel

par

A. CANAVAGGIO O. O. O. ✳, Instituteur à Porto-Farina

IMPRIMERIE PIERSON Frères
16, Rue de l'Egalité, 18 — PARIS (19ᵉ)

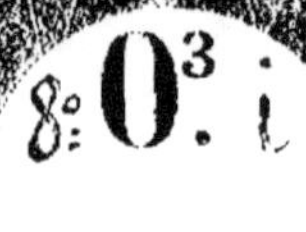

Notice

SUR

PORTO-FARINA

(Tunisie)

(Port Corsaire et Arsenal des Beys)
SON PASSÉ, L'ESCLAVAGE

par

Paul CÉZILLY, Licencié en Droit

avec une étude sur l'état actuel

par

A. CANAVAGGIO O. , O. ※, Instituteur à Porto-Farina

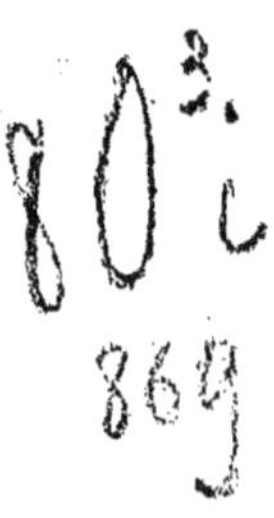

IMPRIMERIE PERSON FRÈRES
18, Rue de l'Égalité, 18 — PARIS (19ᵉ)

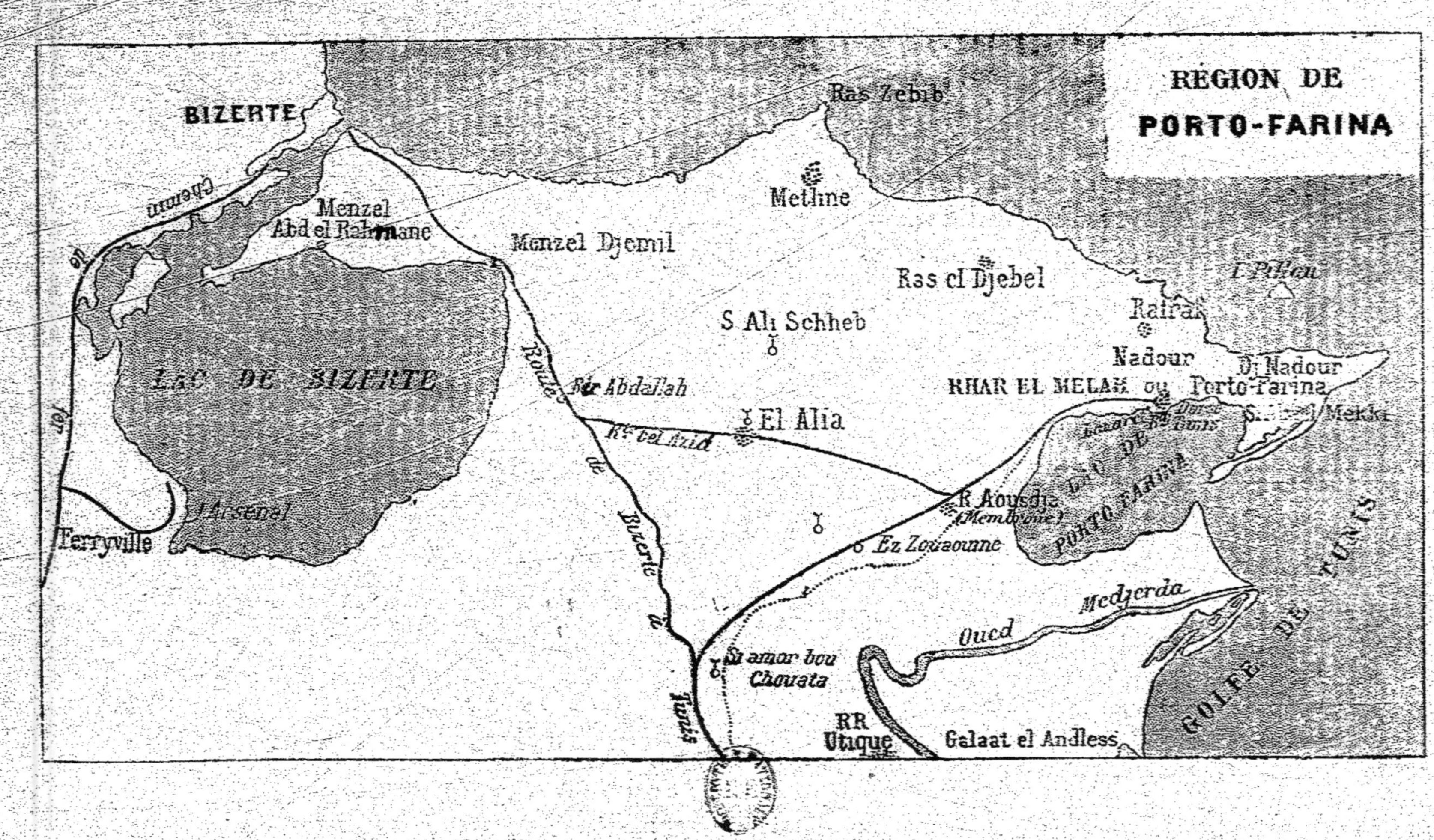

RÉGION DE
PORTO-FARINA
BIZERTE
Ras Zebib
Metline
Menzel Abd el Rahmane
Menzel Djemil
Ras el Djebel
I. Pilleu
S Ali Schheb
Raïrak
Nadour
Dj Nadour
KHAR EL MELAH ou Porto-Farina
LAC DE BIZERTE
Chemin
Bir Abdallah
Rr el Azid
El Alia
LAC DE PORTO-FARINA
Si bel Mekki
R Aousdja
(Membrone)
Arsenal
Ferryville
Ez Zoüaounne
PORTO-FARINA
Route de Bizerte à Tunis
Medjerda
Oued
Si amar bou
Chouata
Tunis
GOLFE DE TUNIS
RR
Utique
Galaat el Andless

NOTICE

SUR

PORTO - FARINA

(Tunisie)

Lors d'un séjour de plusieurs années dans le Nord Tunisien il m'a été donné de demeurer à plusieurs reprises dans la petite ville de Porto-Farina. Située entre Tunis et Bizerte, auprès des ruines d'Utique, ce petit port fameux dans l'antiquité, fréquenté des navigateurs, refuge des corsaires, puis arsenal des Beys, encadré par la montagne, la mer et une riche campagne que beaucoup d'auteurs autorisés considèrent comme l'endroit où Saint Louis rendit le dernier soupir ; mais tombé dans l'oubli absolu, m'a paru digne d'attirer l'attention des touristes. C'est pourquoi j'ai entrepris de redire en quelques lignes son histoire, espérant ainsi faire partager à quelques amateurs d'inédit les impressions toujours vivaces que j'ai conservé de ce joli pays.

Porto-Farina, cette petite ville, ou plutôt ce grand village que les Arabes appellent Rar'h el Melah (la caverne, ou la fosse au sel) est située sur le lac du même nom, à 57 kilomètres N. de

Tunis et à 44 kilomètres N.-E. de Bizerte, au pied de collines pittoresques de 300 à 350 ^{m} d'altitude. Le lac, de 30 kilomètres carrés, alimenté par les débordements de la Medjerdah et communiquant avec la mer par une passe de 500 ^{m} qui, malheureusement chaque jour s'ensable davantage, a toujours été très fréquenté.

Une belle route bien entretenue, de création récente, rend la visite facile. Quittant à mi-chemin la route de Tunis à Bizerte le voyageur, après avoir aperçu de loin le village si bien nommé de El Alia (l'Elevée), l'ancienne Cotuza, juchée sur une hauteur qui domine les plaines de Bizerte, son lac et les villages du littoral, arrive peu après à Ousdja. Il parcourt une fertile région plantée de beaux oliviers et aperçoit ensuite l'emplacement d'Utique et l'embouchure de la Medjerdah. Traversant longuement des jardins verdoyants et bien entretenus, il longe le lac au pied de la montagne et passe devant les ruines du palais d'Abd el Moumen et le fort Génois pour arriver enfin dans la ville sur une petite place entourée par les ruines du grand palais et le vieux souk si curieux malgré son aspect délabré et l'attitude indifférente des rares vendeurs qui en occupent encore les quelques boutiques demeurées utilisables. Puis c'est le port, l'arsenal, les casernes, la mosquée et sa fontaine, le grand fort el Oustani, le fort Nadour transformé en bagne, et au loin, blanc sur le ciel bleu, surmonté du drapeau écarlate, heureux mélange de nos trois couleurs, le marabout vénéré de Sidi Ali el Mekki.

Rien n'est plus impressionnant que l'aspect de ces forts majestueux, de ces palais dévastés, des grandes cours abandonnées, des salles aux plafonds écroulés avec leurs fenêtres béantes, leurs portes arrachées, leurs pans de muraille encore revêtus de brillantes céramiques au milieu d'un amoncellement de colonnes brisées, de poutres enchevêtrées, de fers tordus, le tout revêtu d'un fouillis de végétation et malgré les intempéries et les pillages successifs laissant apercevoir çà et là d'anciennes inscriptions ou des débris remarquables de marbres artistement sculptés.

En toute saison des bandes d'oiseaux migrateurs s'ébattent sur le lac et les barques des pêcheurs, cinglant vers les poissonneux barrages, évoquent des chasses et des pêches fructueuses. Les grosses ancres abandonnées sur la grève rappellent l'ancienne activité de l'arsenal et du port, cependant que les canons rouillés des forts et leurs façades incrustées de boulets redisent les visites des flottes libératrices, tandis que le bruit des fers de la chiourme qui passe évoquent les labeurs des Pères de la Rédemption. [1]

«Porto-Farina fut la Ruscimona ou plutôt Rusucmona punique. Ce mot signifierait en phénicien Promontoire des vivres dont le nom actuel Porto

[1] Bien que le spectacle des déchéances humaines soit toujours angoissant, le passage fréquent des forçats indigènes enchaînés courbés sous le joug de la discipline et de la fatalité, est certainement un des épisodes émotionnants d'une excursion à Porto-Farina. Une visite du bagne même, redonnerait une vision rétrospective exacte des captifs dont nous nous efforcerons, plus loin, de retracer en quelques lignes la vie si agitée.

ou Capo Farina serait la traduction littérale. Ce fut dans sa rade que la flotte carthaginoise alla passer la nuit avant d'attaquer celle de Scipion. Rusucmona se trouvait, en effet, dans le voisinage d'Utique. Son nom indiquerait aussi qu'elle devait être placée sur ou sous un cap (Rus Esmoun. Cap d'Esmoun, Apollon ou Esculape). D'après Maltzer, Rusucmona viendrait de Ras tsanan, le Cap Pointu. Or, Rarh El Melah est précisément située sous le Cap Zebib (Promontorium Apollinis des Romains).

« Cette station maritime, qui ne reparaît pas dans les textes de l'époque romaine, n'était probablement qu'un mouillage dont l'importance, du moins comme centre de la population, ne s'est accru qu'après l'établissement du port d'Utique. Rarh el Melah était encore, il y a moins d'un siècle, un des principaux arsenaux de la Régence et un centre très actif, alimenté par les exportations de blé de Mateur et de Beja. Nous pensons que les Castra Lælia, placés par Pomponius Méla dans le golfe d'Utique, ont remplacé Rusucmona après les guerres puniques. L'ordre même dans lequel les localités sont énumérées par Méla nous paraît justifier cette hypothèse qui explique en outre la disparition du nom de la ville punique.

« In altero sinu sunt Castra Lælia (Porto-Farina). Castra Cornelia (Kalaat el Oued), Flumen Bagradas (Medjerdah), urbs Utica. Le géographe romain procède de l'Ouest à l'Est. Il est à remarquer que Caius Lælius, lieutenant de Scipion, commandait la flotte romaine et avait fait, en 205, une descente heureuse sur cette partie du littoral, puisque les Castra Lælia étaient certainement des Castra Navalia. Située en face du Cap Cornelien et abritée contre les vents qui compromettaient souvent la sécurité du mouillage de Kalaat el Oued, Rusucmona avait dû être occupée, au moins momentanément, par le commandant des flottes romaines. »

«La tradition locale semble confirmer la correspondance que nous proposons. La plaine qui s'étend à l'ouest de Rarh el Melah porte le nom de Bahirt el Kalaa (plaine de la forteresse, et ce nom se rattache très probablement au souvenir du campement de Lælius comme celui de Kalaat el Oued (la Forteresse du fleuve) rappelle l'emplacement du camp Cornélien. » (Tissot ; province Romaine d'Afrique.)

Il est certain que Porto-Farina fut un important faubourg d'Utique et remplaça même cette ville après sa ruine. De riches villas devaient s'élever sur les bords du lac et ont dû disparaître au milieu des alluvions du fleuve. Un superbe tombeau, découvert en 1898, et des vestiges nombreux très importants, rencontrés dans les jardins du rivage, témoignent de l'opulence des habitants et de leur amour du beau. Il n'est pas douteux que des fouilles bien dirigées donneraient des résultats fructueux.

D'après J.-J. Marcel, membre de l'Institut

d'Égypte, Saint Louis mourut à Porto-Farina en 1270 et non à Carthage. « Bientôt, dit-il, une maladie terrible, la peste, se répandit dans le camp de Saint Louis et décima l'élite de son armée. Il en fut lui-même attaqué et transporté de Carthage où il avait son quartier général à Porto-Farina. Il y mourut le 25 août.» Cette opinion est partagée par le Dr Frank, qui fut médecin du Bey de Tunis en 1806 et qui a laissé de très intéressants travaux sur la Tunisie et ses habitants. « Porto-Farina au fond du golfe formé par le cap que les Maures ont nommé Ras Zebyb, c'est-à-dire Cap des Raisins, est une très petite ville avec un port assez profond qui peut contenir environ vingt-cinq navires. Le Bey tient toute sa marine, ou pour mieux dire sa petite escadrille, dans ce port pendant tout le temps de l'hiver. On assure que c'est en cet endroit que Saint Louis mourut de la peste à sa seconde croisade. »

Il est très probable, en effet, que la flotte du roi vint se réfugier à Porto-Farina comme le faisaient toutes les flottes qui venaient attaquer Tunis.

Lors de l'expédition de Charles-Quint, en 1535, ses forces séjournèrent dans le lac (Chroniques Belges). L'escadre était, dit encore J.-J. Marcel, composée de 400 bâtiments portant 25.000 hommes de troupes. Le débarquement s'opéra sans peine, et le quartier général fut établi sur le lieu même où avait campé Saint Louis.

Il ne semble pas qu'à cette époque la plage fut

fortifiée où qu'elle l'était en 1573 lors de l'expédition de Don Juan d'Autriche qui reçut l'ordre de raser, comme trop coûteux, les forts précédemment construits par les Espagnols dans la région. Cet ordre, du reste, ne fut pas exécuté.

Le fondateur de la ville actuelle fut Ousta Mourad, 1637-1640, successeur de Youseff. Ce pacha, célèbre corsaire, voulant empêcher les chrétiens de chercher un refuge dans le lac, ordonna d'y construire un fort, puis, en 1640, d'y aménager un port. Il prescrivit d'y créer une ville et d'y retenir les habitants en faisant des avances et en accordant des libertés à ceux qui viendraient s'y fixer. Les Andalous s'y établirent en grand nombre, attirés par ces avantages, de même qu'à Raf-Raf et à Ras Djebel. Le lac, à cette époque, avait une grande profondeur.

Sous le gouvernement de Mustapha Laz, successeur de Mohammed, l'amiral anglais Blake, envoyé par Cromwell, le 8 février 1654, parut devant Porto-Farina. Hamouda Bey, qui commandait l'armée tunisienne, se hâta d'accourir avec toutes ses forces et l'amiral leva l'ancre sans attaquer, mais il reparut le 3 avril et, le lendemain 4, vint bravement s'embosser avec ses neuf vaisseaux de ligne à une demi-portée de fusil des batteries turques. Aussitôt elles firent rage. Les bâtiments ripostèrent à leur feu par une canonade effroyable et criblèrent de projectiles les ouvrages de l'ennemi. L'issue de cette lutte demeurait toutefois indécise, lorsque, profitant de la fumée, l'amiral mit à la mer quelques chaloupes remplies d'hommes déterminés et leur prescrivit de brûler cinq gros vaisseaux tunisiens dans le port. Les flammes de l'incendie achevèrent d'épouvanter les Turcs dont le feu était déjà éteint par celui de l'escadre anglaise. Tunis s'empressa de traiter et le prix de la victoire fut la liberté de tous les Anglais et Hollandais détenus dans les bagnes. Le lac avait alors de neuf à quinze mètres de profondeur.

En 1682, Mohammed Tabak est arrêté et son fils Ali Bey le fait étrangler à Porto-Farina. Cette ville, à cette époque, devait posséder une forte garnison de soldats, notamment de zouaoua qui, dotés de chevaux par Ousta Mourad, avaient pris le nom de Sbahias (ou spahis). De nombreux esclaves étaient occupés à l'entretien des navires. Le P. Le Vacher fonda alors, à Bizerte, une chapelle pour les chrétiens qui venaient au Cap Zebib pêcher le corail, ainsi que pour ceux détenus à Porto-Farina traités très durement par une population féroce.

Déjà, à cette époque, le fort El Oustani qui servait de nos jours de lazaret, avait la même destination. En 1671, nous dit le D\u1d63 Guyon, « trois navires que Mourad Bey avait envoyés en Turquie pour prendre des troupes, revinrent à Porto-Farina dans les premiers jours de juillet avec un millier de soldats dont quelques-uns atteints de la peste. Le Bey donna, à cette époque, une nouvelle preuve de l'extravagance de son caractère en se rendant à bord des vaisseaux pestiférés en compagnie de plusieurs officiers qu'il contraignit de se mettre en communication avec les malades. Mourad poussa plus loin la folie, il prit la pipe d'un pestiféré afin sans doute de mettre ses courtisans dans l'alternative d'encourir sa disgrâce ou d'imiter sa coupable témérité. »

Il semble cependant que le premier arsenal digne de ce nom ne date que de 1707. On conserve dans la région, dit le P. Anselme des Arcs, le souvenir des familles André, Cubisol, Gaspary, originaires de la Ciotat, pour la plupart maîtres des travaux et protecteurs des chrétiens.

En 1720, le P. Comelin, de l'ordre des Mathurins, envoyé sur la côte Africaine par la Rédemption des Captifs, fit escale à Porto-Farina. Voici ce qu'il nous dit de son séjour : « Le 14 février, au matin, on reconnut la Garitte (Galitte) et le soleil prenant le dessus ne tarda pas à faire apercevoir la côte de Barbarie, ce qui engagea de passer le reste de la nuit sans voiles et de tenir le large. Le capitaine se flattant d'arriver le lendemain à la rade de Porto-Farina fit mettre, dès le matin, toutes les voiles, mais le calme qui le prit vers la Tache Blanche (?) le força d'y mouiller et d'y jeter l'ancre. Le 16, au matin, on tira un coup de canon pour faire venir à l'obéissance tous les capitaines et patrons des barques françaises qui se trouvaient dans la rade, ce qui fut exécuté. Mais malgré le secours de toutes les barques et chaloupes, ce ne fut que le lendemain, à la faveur d'un petit vent et d'une sorte de marée,

que l'on put remorquer le vaisseau et s'avancer à
la bouche du port. Après avoir mis pied à terre et
s'être délassé pendant quelques heures des fati-
gues de la mer, M. Dussault (l'Envoyé), avec les
personnes de sa suite, fut rendre visite au gouverneur de Porto-Farina qui le reçut avec toutes les
marques de distinction. Mais comme il y fut question de cérémonies ou de salut au vaisseau du Roy
à son arrivée dans le port, le gouverneur n'osant
saluer le premier sans ordre du Bey qui, pour lors,
était au camp, demanda du temps à M. l'Envoyé
pour avoir à ce sujet des ordres précis. Le Chan-
celier de la Nation profita de cet intervalle pour
informer pareillement de l'arrivée de M. Dussault.
M. Basli, consul à Tunis, qui en partit aussitôt
accompagné des principaux de la Nation, pour
lors résidants dans cette ville.

Le Gouverneur ne reçut réponse du Bey que le
22 et donna aussitôt les ordres pour le salut qui
fut fait de toute l'artillerie des trois châteaux,
chacun même par distinction ayant tiré deux
coups à boulets.

Le 24, M. Dussault, accompagné du Consul,
du Chanceller, de deux députés et plusieurs
autres de la Nation, prit la route de Tunis où il
arriva le soir même quoique par terre, il y ait
plus de quinze lieues de Porto-Farina. M. le Consul
avait eu soin de faire porter toutes les provisions
nécessaires, sans laquelle précaution ils auraient
couru le risque de ne trouver dans toute la route
qu'une rivière pour se désaltérer.

Le P. Bernard s'étant cru obligé de rester quelque temps à Porto-Farina pour la consolation et le soulagement des esclaves qu'il y trouva occupés à l'entretien des vaisseaux ne put y rejoindre M. Dussault que le 20 février. »

Peysonnel, qui vint en 1724 à Porto-Farina, écrit ; « Nous couchâmes à Porto-Farina que les Turcs appellent Gramela. C'est un petit endroit fameux par sa rade et son port très bon et très sûr, le meilleur et presque le seul qu'il y ait sur toute la côte de Barbarie. Il est situé au-dessous d'une grosse montagne qui forme le Cap Zebibe (Promontorium Apollonis). Cette montagne le met à l'abri des vents N.-N.-O. et N.-E., les plus dangereux dans ce pays, la rade est un grand bassin, elle a environ une lieue de long sur une demi-lieue de large, l'entrée en est étroite et le devient tous les jours davantage parce que la rivière de Bagradas qui se décharge directement à son entrée, charrie beaucoup de sables et le comble peu à peu. Il est à craindre que dans quelque temps elle ne se ferme complètement. Je me suis convaincu que depuis dix ans le fond avait diminué de plus de dix pieds, de sorte que les vaisseaux de guerre touchent presque tous en entrant aux endroits où ils passaient autrefois à l'aise. Au fond de cette rade on a posé plusieurs môles qui forment un bassin carré capable de contenir une trentaine de bâtiments en toute sûreté. Cette rade est défendue par quatre châteaux garnis de canons tournés du côté de la terre mais en état de bien défendre l'entrée de la rade. Il n'y a pas plus de soixante ans que l'on a commencé à construire quelques maisons autour de ces châteaux. L'endroit est petit, mal bâti et très irrégulier. C'est là que le Bey de Tunis entretient quatre vaisseaux de guerre et où il créa un arsenal qui n'est pas trop bien fourni ni pour les manœuvres, ni pour le bois de construction, ni même pour l'artillerie.

Le voyageur ajoute : « J'ai trouvé dans les environs de Porto-Farina plusieurs jolies plantes entre autre une très belle espèce de scrofulaires.

« Quelques jours avant mon départ (15 août 1724) le caïd ou chef me fit conduire dans un lieu où il avait découvert une mine abondante de mercure sous le règne d'Ali Bey, père de celui qui gouverne aujourd'hui. Ce prince l'ayant appris la fit boucher en disant : Si les princes chrétiens savaient qu'il y a des mines dans mon royaume je n'y vivrais plus en sûreté (Peyronnel et Desfontaines), lettres publiées en 1838, par Dureau de la Malle). Peyronnel signale des mines importantes à Métline et à Ras Djebel. »

L'an 1770, des difficultés éclatèrent entre la France et le Bey Ali, à propos des navires corses capturés par les corsaires tunisiens et des droits méconnus des français occupés à la pêche du corail. De plus, un corsaire fameux, El Djerbi, avait recontré en mer un navire de commerce dont il avait injurié et battu le capitaine. M. de Broves, envoyé par le roi, vint s'établir à Porto-Farina avec son escadre qui comprenait deux vaisseaux de guerre, l'un de 74, l'autre de 50 canons, deux frégates chacune de 20 canons, deux chebeks chacun de 20 canons, deux galiottes à bombes, une flûte et autres navires fournis par Malte. Trois gros vaisseaux arrivés en mai blo_quaient la Goulette. Le bombardement dura deux jours. Le 1er août l'amiral alla attaquer Bizerte, qu'il bombarda un jour et une nuit. Plus de trois cents bombes furent lancées sur la ville, le port fut incendié et les habitants durent se réfugier dans l'intérieur. Un coup de vent obligea l'escadre à quitter Bizerte pour la Goulette. M. de Broves attaqua ensuite Sousse et Monastir. Enfin, la paix conclue le 2 juin assura pour la Corse les privilèges accordés à la France. Le droit des pêcheurs de corail français établis à la Calle fut maintenu et les esclaves corses obtinrent leur liberté.

En 1784, l'amiral vénitien Emo parut devant la ville d'où il partit attaquer les autres ports de la Régence. A partir de ce moment le port ne paraît pas avoir reçu la visite de flottes ennemies. A cette époque André est maître constructeur à Porto-Farina. On le voit chargé par le Bey de sauver un navire vénitien naufragé à la Goulette, mais il en est empêché par le Chevalier Quérini, commandant une division vénitienne qui réclame ce droit. La marine beylicale tombe alors en décadence et le Dr Frank, déjà nommé, vingt ans après, écrit dans ses mémoires : « J'appris cependant que la plupart des navires tunisiens étaient stationnés pendant l'hiver à Porto-Farina et je dus rester dans l'incertitude sur la nouvelle force maritime de Tunis jusqu'au jour où ces bâtiments vinrent se réunir dans la rade devant la Goulette. Cette escadre si vantée n'était composée que de seize voiles, savoir : une seule frégate, quelques bricks et corvettes et quelques petites pinques à peine armées qui avaient été prises sur les Napolitains.

« Si, à cette marine de l'Etat, on ajoute vingt-quatre petits corsaires appartenant à des particuliers montés par quelques mauvais marins et encombrés par autant de soldats qu'il est possible d'y entasser, on aura une idée complète de la marine de la Régence. »

En 1818, par suite de l'ensablement considérable de la passe l'arsenal fut transporté à la Goulette. Cependant, en 1819, après la destruction de la marine algérienne par Lord Exemouth (1816), le Bey se détermina à mettre sa marine de guerre à l'abri d'un coup de main· « Il résolut de rendre à Porto-Farina son ancienne destination de port militaire, les sables de la mer et ceux charriés par la Medjerdah avaient tellement encombré la passe qu'il fallut employer un nombre considérable d'ouvriers et plusieurs bateaux dragueurs. Au mois de décembre le Bey se rendit à Porto-Farina pour assister à l'entrée dans le lac de plusieurs de ses bâtiments de guerre. Une corvette, une gabarre et une goëlette franchirent la barre sans difficulté et vinrent mouiller sous les forts de la place à l'abri de toute entreprise ennemie. Elles furent bientôt rejointes par le reste de la flotte tunisienne composée d'une frégate neuve construite à la Goulette, de deux gabarres, quelques bricks et goëlettes et un assez grand nombre de chaloupes canonnières. » (Rousseau, *Annales*.)

En 1820, l'escadre tunisienne comprenait deux corvettes, deux bricks, deux goëlettes et trois gabarres. Une violente tempête, le 7 et 8 février 1821, détruisit la flotte à la Goulette. A cette époque Porto-Farina était abandonnée.

En 1834, les ateliers de Marseille fournirent au Bey une frégate et deux corvettes. La frégate fut vendue quelques années plus tard. Des deux corvettes l'une fut envoyée au Sultan, l'autre se perdit sur les côtes de France. (Lebault.)

Cet état de choses continua jusqu'en 1837. « C'est alors que le Bey Ahmed, très imbu des idées européennes et préparant son voyage de France, résolut de créer à Porto-Farina un arsenal à l'européenne et d'établir à Tunis une école polytechnique, pépinière de futurs officiers. Malheureusement ces projets ne purent aboutir. C'est de cette époque que date le réveil momentané de la Ville ».

« Le palais du Bey et de sa suite fut construit à grands frais, les casernes, les magasins surgirent comme par enchantement, les vieux forts furent restaurés, le port nettoyé et aménagé. Une frégate, construite en 1840, ne fut lancée qu'en 1853, car, malgré l'avis des constructeurs, elle n'avait pas été doublée en cuivre, le taret l'eut bientôt cussonnée au ras de flottaison et l'on dût la démolir en 1868 dans le port qu'elle encombrait. (Rousseau).

En 1846, le Bey Ahmed quitta Porto-Farina à bord du bateau français le *Dante* pour son voyage en France. De cette époque date l'abandon du port qui, mal entretenu, était devenu inaccessible. Une forte garnison de 10.000 hommes avait été établie dans les casernes, mais elle fut retirée peu à peu. En 1850, Salah Chiboub, ancien tambour favori du Bey, commandait la province. Des troupes, ainsi que l'indique Dilhau dans son Histoire de la Régence, séjournaient cependant encore en 1857 à Porto-Farina. Il y avait alors deux régiments qui détachaient des troupes à Bizerte. Les jeunes qui composaient ces régiments n'étaient pas au service au même titre que les autres. Ils se faisaient remplacer et ne servaient que six mois de l'année. C'est vers 1853 qu'une station de missionnaires fut formée à Porto-Farina.

Au début de l'occupation française la Compagnie du port de Bizerte tenta de rétablir à la circulation la barre qui ferme le lac Une tempête survint qui rendit le travail inutile. Plusieurs Compagnies se sont succédées pour exploiter la pêche si abondante et si variée. La difficulté du transport et la conservation du poisson avait rebuté les entrepreneurs. Grâce aux nouvelles routes, aux transports rapides et aux procédés pratiques de congélation il n'est pas douteux que l'on n'obtienne des résultats très satisfaisants. Autour du Cap étaient autrefois des bancs d'huîtres estimés dont le Bey se réservait le monopole. Daurades, mulets, loups, maquereaux, merlans, rougets, limandes, soles viennent frayer à différentes époques dans le lac ; ils varient la pêche qui se pratique aux barrages dans des bordigues fort bien installées.

Parlant des Etablissements Maritimes Beylicaux M. d'Estournelles de Constant s'exprime en ces termes :

« Porto-Farina n'est rien moins qu'un splendide établissement militaire et maritime construit à l'européenne. Arsenal, casernes en pierres de taille, rien n'y manque, si ce n'est l'homme ; depuis plus de trente ans l'homme et l'eau. Nous eûmes un jour l'occasion d'aller la visiter sur un de ces bateaux qui passent par tous les fonds. Arrivés dans la baie nous nous préparions à débarquer lorsque à l'entrée même du chenal qui conduit au port nous touchâmes le sable. Il nous fallut rentrer à Tunis, n'ayant pu contempler que de loin, au-delà d'une lagune mélancolique, les grands édifices encore intacts et tous vides que devaient animer dans l'esprit d'Ahmed la présence d'une armée et d'une flotte. En construisant tous ces palais on n'avait pas songé à la Medjerdah qui se jette dans le golfe et qui, abandonnée depuis des siècles à elle-même sur presque tout son parcours dans le nord de la Tunisie, sans quais, sans barrages, sans jetées, emporte chaque année à la

mer des plaines entières qu'elle devrait fertiliser.
D'immenses dépôts de limon comblent ainsi son
embouchure et se déplacent incessamment, ils
obstruent vite le port dont s'enorgueillissaient
les Beys. Il eut fallu, pour diriger la Medjerdah,
un travail ingrat et productif, mais peu apparent,
profitable surtout aux générations à venir. Ahmed
aima mieux construire des édifices inutiles, mais
qui lui feraient honneur de son vivant.

« Quand le Bey, dit-il plus loin, abandonne son
palais et change de résidence, les fonctionnaires
le suivent et déménagent. Sous prétexte d'écono-
mies, chacun enlève tout ce qui est transportable,
non-seulement les meubles mais les fenêtres, les
vitres de couleur, les charpentes, les toitures sont
arrachées, seules les pierres ne valent pas le
voyage, elles restent debout superposées en solides murailles, mais sans toit, trouées d'ouver-
tures béantes au travers desquelles on voit du
dehors de grandes salles qui ont encore çà et là
leurs corniches dorées, leurs peintures et qu'habi-
tent les figuiers sauvages et les ronces ».

L'ESCLAVAGE

Il est difficile de retracer l'histoire de· Porto-
Farina sans dire quelques mots de la piraterie et
de l'esclavage puisque ce port fut le berceau de la
marine corsaire tunisienne et que ses forts et ses
bagnes abritèrent pendant des siècles des malheureux chrétiens dont les religieux et les voyageurs

nous retracent à chaque visite la situation si misérable.

Il convient toutefois de bien établir que la piraterie fut surtout l'œuvre des Algériens dont la marine était plus puissante que celle de Tunis. Ces marines furent d'ailleurs pendant longtemps intimement unies, et le Maroc contribua pour une large part également aux exploits des corsaires barbaresques.

D'après quelques auteurs (La Condamine) et les récits de quelques captifs peu scrupuleux, débrouillards (d'Aranda) ou d'humeur joyeuse (Régnard) l'esclavage était très supportable, à tel point que l'on vit des captifs revenir de plein gré chez leurs anciens maîtres. Pour d'autres, les plus nombreux, au contraire, la vie des prisonniers était intolérable. Il ne faut pas oublier non plus que le nombre et le sort des chrétiens a été très variable. Quand les visites des flottes européennes et leurs énergiques réclamations furent fréquentes, par suite des délivrances forcées, des échanges ou des rachats, le nombre des esclaves diminua considérablement, et leur sort s'améliora ; les musulmans craignant des représailles ou espérant par leurs bons soins obtenir des rachats avantageux ou des échanges plus importants.

En 1634, à Alger, il y avait, dit-on, trente-six mille captifs, dont quinze mille femmes. A Constantinople, leur nombre était plus élevé encore, et le montant du prix représentait plus de vingt millions de livres. Avant cette époque, les cor-

saires célèbres, Aroudj et Kheir ed Din, établis à
Tunis, firent de cette ville le centre de leurs expé-
ditions. C'est pour abattre leur orgueil que Charles-
Quint dut entreprendre sa célèbre expédition de
1535. Les vingt-cinq mille esclaves européens
enfermés à Tunis lui ouvrirent les portes de cette
ville, ceux-là même que Kheir ed Din avait employés à creuser le canal et le port de la Goulette.
Sous les commandements de Salah Raïs, fils de
Kheir ed Din, et de Sinan, les esclaves chrétiens
ne cessèrent d'encombrer les prisons. En 1802,
huit cents habitants de l'île Saint-Pierre, sur les
côtes de Sardaigne, furent encore capturés par les
Tunisiens, et, dans une lettre datée du 24 mai
1805 de Barletta, sur l'Adriatique, P.-L. Courier
écrit : « On ne connaît pas ici de maisons de campagne ou de villages parce que les brigands rendent la campagne inhabitable, il n'y a de cultivé
que les environs des villes, le sol est très fertile
et produit presque sans travail une grande quantité
de blé qui, avec l'huile, forme tout le commerce
du pays sujet à des avanies continuelles tant de
la part des gouverneurs que des Barbaresques.
Quoi que ce soit un port, on ne peut y avoir de
poissons parce que les pêcheurs sont enlevés
jusque sur la côte ».

C'est aux religieux et notamment aux Trinitaires et aux Pères de la Merci que les esclaves
doivent l'adoucissement de leur sort. Les récits de
ces Rédempteurs bien placés pour connaître leur
situation réelle surtout celle des vieillards, des
pauvres et des infirmes, nous mettent en droit de

penser que l'existence de ces détenus était abominable tant au point de vue moral qu'au point de vue matériel.

Deux ordres religieux se consacraient spécialement à secourir et racheter les esclaves.

D'abord les Trinitaires ou Mathurins, ordre fondé en 1198 par Saint Jean de Matha et Félix de Valois pour la délivrance des chrétiens. Le chef-lieu de l'ordre était à Cerfroi (aux confins de la Brie et du Valois). Les frères ne pouvaient manger ni poisson ni viande, si ce n'est le dimanche, et encore fallait-il que cette nourriture eut été donnée en aumône. Ils ne devaient porter que des vêtements grossiers et dans leurs voyages ne pouvaient monter que des ânes, d'où leur nom de Pères aux Anes. En 1267, la règle fut modifiée par Clément IV qui permit aux Trinitaires l'usage du cheval et modifia le costume. Vêtement blanc avec une croix rouge et bleue sur la poitrine. Ils étaient établis dans une ancienne aumônerie de l'ordre de Saint-Benoît, dédiée à Saint-Mathurin (sur l'emplacement des thermes de Julien, Musée de Cluny) d'où leur appellation commune. On les désignait encore en France sous le nom de Ministres.

Ensuite, les Pères de la Miséricorde ou de la Merci, ordre fondé à Barcelone à l'imitation de celui des Trinitaires (1218) et approuvé en 1235 par Grégoire IX sous le nom de Congrégation de Notre-Dame de la Miséricorde. Primitivement, l'ordre était composé de clercs et de chevaliers, puis ne comprit plus que des ecclésiastiques. Ces Pères allaient pieds nus, pratiquaient la retraite, l'abstinence et la pauvreté. Il y avait quatre provinces, deux en Espagne, une en Sicile, la quatrième en France.

Les Capucins, ordre créé en 1526 par Mathieu Baschi, fondèrent en 1624 une Mission à Tunis, sous le nom de Procureurs des Esclaves et s'établirent en 1636 à Tabarka qui appartenait à la famille Lomellini, de Gênes. Le Père Le Vacher, qui mourut en août 1682 martyrisé par le fameux corsaire Mezzo Morto qui le fit attacher à la gueule d'un canon, avait construit en 1672 une chapelle à Bizerte pour le service religieux des chrétiens pêcheurs de corail au Cap Zebib. On n'avait pu, en effet, installer des religieux à Porto-Farina tellement la population de ce port était « féroce et versatile capable de détruire en un jour le travail d'une année ». (Da Cesinale.)

Si le sort des détenus était précaire à Bizerte il n'était pas moins insupportable à Porto-Farina. Parlant d'une visite qu'il rendit au Père Le Vacher, de Bizerte, un Père Capucin écrit : « Parmi les captifs de cet endroit, autres que ceux des galères, nous avons trouvé quarante esclaves en une prison si petite et si étroite qu'ils pouvaient à peine se mouvoir. Il ne recevaient l'air que par un soupirail garni d'une grille placé au haut de la voûte. Ils étaient enchaînés deux par deux et toujours enfermés, toujours occupés à moudre le grain avec un petit moulin à bras et obligés de fournir chaque jour une quantité au-dessus de leurs forces. Il sont véritablement nourris du pain de la douleur et l'on peut littéralement dire qu'ils mangent à la sueur de leurs fronts dans ce lieu si étouffant accablés par un pareil labeur ».

Une grande partie des chrétiens étaient donc employés comme rameurs sur les navires corsaires. D'après le récit d'un esclave les bâtiments étaient de trois sortes :

1º Les demi-galères construites en bois de sapin de soixante pieds de quille et d'une proportion mince et légère, et hors d'état, par conséquent, de supporter une longue navigation ;

2º Les galiottes, plus longues que les demi-galères et à peu près de même construction, les unes et les autres peuvent porter trois cents personnes ;

3º Les chebeks, construits comme un navire à deux mâts et qui s'éloignaient pour faire des voyages en haute mer.

Les équipages étaient composés de rameurs chrétiens, enchaînés à leurs bancs nuit et jour, surveillés par un gardien qui parcourait ces bancs sur une passerelle, frappant à coups redoublés pendant les poursuites qui, souvent, duraient dix, douze et quatorze heures de suite. (Slade.) Les autres matelots pour la manœuvre des voiles que l'on utilisait le plus possible, étaient des Algériens pour la plupart ou des Marocains de Salé. Les soldats étaient surtout des montagnards de la côte. On embarquait aussi, mais en petit nombre, des renégats dont on redoutait la trahison. Lors de la grande course un Agha commandait à tous, même au Raïs.

Le corsaire quittait le port, arborant de superbes bannières qu'ils dissimulait ensuite pour hisser le drapeau d'une puissance chrétienne de façon à s'approcher de l'ennemi. Dès qu'il était à portée de voix, un renégat de la nation en vue engageait la conversation pour bien connaître les forces et la valeur de l'adversaire que l'on n'attaquait qu'à bon escient. Quand on capturait un navire de peu de valeur il était pillé puis incendié. Dans le cas contraire, la prise était envoyé au Dey sous la conduite des chrétiens prisonniers. A l'arrivée on hissait le pavillon du vaincu et l'on saluait le port par un nombre de coups de canon en rapport avec la capture.

Les esclaves débarqués traversaient le port pieds nus et la tête découverte pour être conduits au marché.

Pour le partage des parts, les usages assez variables pouvaient cependant se résumer de la manière suivante : Le Dey choisissait un esclave sur huit et avait droit au huitième de la cargaison (Alger). Le capitaine prenait tout ce qui se trouvait dans la chambre du navire. Le reste était partagé entre les matelots et les soldats.

A Tunis on prélevait :

10 o/o pour le Pacha, 1 o/o pour l'entretien du port, 1 o/o pour les marabouts, 50 o/o dont 10, 12, 15 o/o pour le capitaine et 40, 38 ou 35 o/o pour les armateurs, soit 62 o/o. Sur les 38 o/o restant dus, il revenait 3 o/o au chef des soldats, 3 o/o au lieutenant, 3 o/o aux soldats, 3 o/o aux maîtres canonniers (renégats), 3 o/o aux canonniers, 3 o/o au pilote, 3 o/o au contre-maître de manœuvre de voiles, 3 o/o au chirurgien (renégat ou chrétien), 2 o/o au maître de hache, 2 o/o au calfat, 2 o/o aux marins esclaves loués par des maîtres qui touchaient la part de ces esclaves et 8 o/o au second du navire. (Dilhau.)

Les agrès du grand mât des navires sacrifiés appartenaient aux gardiens du port (droit de cara-porta) et les agrès de misaine au capteur. La carcasse du navire était vendue aux enchères. Le Dey en avait le huitième.

Les prisonniers conduits au marché (Batistan) étaient exposés. On les interrogeait sur leur âge, leurs qualités, leurs aptitudes et leurs relations qu'ils devaient s'efforcer de dissimuler, leurs maîtres futurs devant nécessairement profiter de leur fortune ou de leur naissance au cas de rachat ou d'échange. On les faisait courir, sauter, marcher, puis on annonçait à haute voix les enchères au milieu des discussions les plus violentes et les plus ridicules. Il y avait, en effet, deux enchères, la première toute de ruses, car il fallait terminer au palais cette vente, l'enchère la plus élevée du marché devenant la première au palais, car le prix de la vente au marché appartenait aux propriétaires du navire et à l'équipage tandis que l'excédent d'adjudication profitait au Trésor.

Les chrétiens esclaves étaient ensuite logés soit chez leurs maîtres soit dans les bagnes ou bains publics. Dans quelques villes, au Maroc notamment, ils habitaient les meilleures maisons du quartier Juif. Généralement, dans les bagnes, il se faisait des groupements par nation, et chaque nation avait un chef. Nous savons qu'au lever du jour chaque nation partait au travail jusqu'à midi avec un quart d'heure de repos le matin pour déjeuner. De midi à une heure l'esclave se reposait, puis il reprenait jusqu'à quatre heures un dur labeur bien souvent prolongé. Ces travaux étaient fort pénibles : construction de murailles et forts, arrosage des champs et des jardins, creusement de canaux et ports, travaux de menuiserie et de décoration. En certaines régions, les esclaves étaient obligés d'aller, la nuit, garder les bestiaux dans les champs, et n'employaient pour subsister que le vol ou la corruption.

Il semble que les différentes nations n'étaient guère en accord complet. Les Français, les Anglais et les Hollandais aimaient, paraît-il, à se réunir, tandis que les Italiens et les Espagnols faisaient bande à part. Mais ici, comme pour le reste, on ne peut généraliser. Ces malheureux ne pouvaient correspondre que par l'intermédiaire des mar-

chands ou des religieux de leur nation et bien
heureux étaient ceux qui, par leur industrie, pouvaient améliorer leur sort et adoucir leurs gardiens. Ceux-là parvenaient, par des travaux sup-
plémentaires, confection de chapeaux, corbeilles,
coffrets, cordons, à obtenir quelque nourriture
supplémentaire qu'ils partageaient avec leurs com-
pagnons infirmes ou malades qui étaient alors
complètement abandonnés.

Dans ces bagnes qui, souvent, n'étaient que
d'anciennes citernes où l'on descendait de la voûte
par une échelle retirée le soir, éclataient des dis-
putes et des rixes continuelles favorisées par le
droit de vendre du vin accordé contre patentes
considérables aux chefs de ces prisons qui en
usaient, ou plutôt en abusaient largement.

Sous l'influence et la direction des religieux la
vie de ces bagnes devint parfois plus supportable.
Les Pères y résidaient pour soigner les malades.
Ils y célébraient la messe et prodiguaient les
secours matériels et spirituels. Ces bagnes por-
taient même des noms de saints : Bagnes Sainte-
Croix. Saint-Roch, Sainte-Lucie, Saint-Antoine,
Saint-Léonard, etc. Chaque chapelle était même
administrée par deux esclaves marguilliers. Les
Pères pouvaient circuler librement, ainsi que certains esclaves qui appartenaient à des maîtres plus
humains auxquels ils rendaient des services comme
médecins, scribes ou architectes. C'est ainsi que
Saint-Vincent-de-Paul qui fut esclave à Tunis, de
1605 à 1607, paraît ne pas avoir trop souffert

de sa captivité dont il parle fort peu. Il y eut
trois maîtres dont le dernier, Savoyard renégat,
fut par lui ramené à la foi, et avec lequel il revint
en France en 1607.

Tous, cependant, n'obtenaient pas les mêmes
traitements et nombreux étaient les renégats que
l'appât d'une vie plus douce conduisit à l'apos-
tasie. Pour arriver à ce résultat on employait
contre les chrétiens différents procédés dont les
plus communs étaient l'ivresse, les faux témoins
et les femmes. Ce dernier moyen, le plus ordi-
naire, exposait à une mort horrible l'esclave
trouvé en conversation criminelle avec une musulmane. C'était pour se soustraire aux plus cruels
tourments qu'il abandonnait sa religion. Pour
abjurer, le chrétien devait prononcer publiquement
la formule : « Dieu seul est Dieu et Mahomet est
un prophète ». La cérémonie variait ensuite avec
les régions. Ici, le renégat prononçait la formule l'index levé vers le ciel, se faisait raser la
tête, subissait la circoncision et recevait le turban.
Ailleurs il était promené sur un cheval, tenant
entre le pouce et l'index une flèche la pointe dirigée
vers le ciel. On lui procurait vingt-cinq écus, une
femme, un chien, un chat, un coq et deux poules
(Maroc). Le prix des journées qu'il touchait comme
chrétien lui restait toujours alloué et s'il travail-
lait pour le Dey il recevait une gratification supplémentaire. Le Juif qui apostasiait devait se faire
chrétien et manger du porc.

Néanmoins les renégats était méprisés. Quelques-uns obtinrent, il est vrai, grâce à cette abjuration, une grande indépendance et même des situations élevées puisque plusieurs furent des corsaires réputés, des chefs de l'armée, et des Beys célèbres. Mais pour le plus grand nombre la situation était plutôt équivoque. Ils habitaient un quartier séparé, ne pouvaient s'éloigner sans autorisation de plus de quatre lieues de leur résidence, et les renégats d'origine juive n'étaient enterrés que dans un cimetière particulier.

Seuls les esclaves prêtres ou médecins pouvaient circuler librement. Les autres, pour leurs durs travaux, ne recevaient que deux petits pains à peine cuits, faits de grossière farine, appelés lunes et environ deux sous de notre monnaie, et encore souvent devaient-ils partager avec leurs gardiens. Ils étaient vêtus de sacs, la tête presque toujours découverte et succombant en foule à de longues et cruelles maladies. Beaucoup furent battus jusqu'à la mort et noyés, empalés et même livrés aux bêtes (Maroc).

A ce triste sort ils ne pouvaient échapper que par la mort, l'échange ou le rachat. L'échange était rarement employé, néanmoins il était admis à l'échange qu'il fallait deux Maures pour un chrétien, de même qu'il fallait payer 800 piastres pour un Maure tué par un chrétien, et seulement recevoir 500 piastres pour un chrétien tué par un Maure. On voit que les intérêts matériels n'étaient pas oubliés et que les avantages n'étaient pas du côté chrétien lors des transactions.

Quand les Pères de la Merci ou les Trinitaires avaient recueilli des aumônes suffisantes ils en donnaient avis aux administrateurs des bagnes qui demandaient le passeport des religieux avec déclaration des valeurs ou marchandises qu'ils apportaient. Le Dey prélevait 3 1/2 o/o sur les espèces et 12 1/2 o/o sur les marchandises et exigeait en outre le rachat de quelques-uns de ses esclaves trop vieux ou incapables.

Les religieux commençaient par racheter les captifs de leur nation, ne rachetant d'autres chrétiens qu'avec l'excédant de leurs ressources. Une messe d'actions de grâces était alors chantée et les rachetés y assistaient vêtus de vêtements blancs puis partaient en procession pour s'embarquer. Le rachat avait lieu également par les gouvernements. C'est ainsi qu'en 1805 Napoléon envoya à Alger son frère Jérôme racheter les esclaves français, italiens et liguriens pour 400.000 frs, de même que furent rachetés en 1798, à Tunis, au prix de 500 piastres d'Espagne par tête les huit cents habitants de Santa-Piétro, soit environ 500.000 francs. Une fois débarqués en France, les captifs partaient en procession, ils avaient laissé croître leurs barbes et marchaient deux à deux vêtus de manteaux blancs portant de lourdes chaînes afin de frapper l'imagination populaire et recueillir d'abondantes aumônes en vue de nouveaux rachats.

Un rachat de chrétiens se payait en moyenne 3.000 francs. Le prix d'une chrétienne était souvent de six cents sequins, soit 7.000 francs. On payait d'après la valeur physique de l'individu, ses aptitudes et ses relations.

En 1627, il y avait à Alger soixante-dix vaisseaux de course et trente-trois corsaires quittèrent le port en 1634. Il y avait alors à Tunis quatorze vaisseaux ronds et vingt-cinq galères. On peut évaluer à cent cinquante le nombre des vaisseaux qui faisaient la course sur les côtes de la Barbarie lors de la grande période de prospérité des marines corsaires.

La flotte des pirates Tripolitains fut détruite par les Chevaliers de Malte.

Quant à la piraterie Tunisienne sa décadence commença en 1806 et elle disparut quelques années après. A cette époque, dit le Docteur Frank, les navires étaient mal armés et ne quittaient plus la rade qu'en mai pour y rentrer au mois de septembre. Quand cette escadre était en rade aucun navire étranger ne pouvait mettre à la voile avant le départ de cette flotille. Les Tunisiens n'exerçaient plus la piraterie qu'en cas de guerre et envers leurs ennemis, respectant les neutres et les traités ; tout au contraire des Algériens qui, à toute époque, pillaient amis et ennemis. Les Algériens, dit le même auteur, traitaient tous les ports en pays conquis et maltraitaient les équipages des nations européennes, les obligeant à leur fournir de l'eau. Ils vexaient les marines Sardes, Napolitaines,

Toscanes, Génoises et Espagnoles et les réclamations des consuls étaient peu ou point écoutées.

En 1816, lord Exmouth bombarda Alger et détruisit sa marine corsaire qui avait totalement disparu lors de la conquête française. En 1817, Moulay Soliman, sultan du Maroc, abolit la course et fit racheter par le gouverneur du Sous les chrétiens captifs retenus par les Maures. En 1818, la piraterie n'était plus qu'un souvenir.

Notre visite à Porto-Farina remontant à quelques années, nous avons pensé utile d'y joindre une étude détaillée sur sa situation actuelle. Nous ne pouvions mieux faire que de reproduire ici un travail inédit de M. **Canavaggio,** le sympathique instituteur de cette localité qui, mêlé à la vie intime de la population, était mieux en mesure que quiconque d'en décrire la physionomie toute spéciale.

PORTO-FARINA D'AUJOURD'HUI

« La montagne qui domine Porto-Farina est le Djebel Nadour. Du sommet du Nadour, et par temps clair, la vue embrase un vaste panorama. Vers l'ouest, on aperçoit, au loin, le Cap Blanc, Ferryville, Metline, pittoresque village arabe accroché au flanc d'une montagne, l'île des Chiens et son phare, et, plus près, Ras el Djebel et Raf-Raf. Vers l'est et le sud, la vue s'étend sur Zimbra, le Cap Bon, Sidi Bou Saïd, Carthage, La Goulette, une partie de Tunis, Radès, Hammam-Lif, le Bou Kournin, le Djebel Reçass et, dans le lointain, le Zaghouan.

L'altitude et la position du Nadour avaient été utilisées par les Arabes qui, sur son sommet, avaient établi un poste d'observation (un nadour), pour signaler le passage des vaisseaux que les pirates, cachés dans la darse de Porto-Farina, allaient attaquer. Ce Nadour, dont il reste encore des vestiges, a donné son nom à la montagne.

Il y a une vingtaine d'années, le génie militaire y construisit un poste optique. Ce poste, occupé chaque année pendant 45 jours, correspond avec ceux du Cap Blanc et de Sidi Bou Saïd. Enfin, en 1901, la Marine y a fait construire un sémaphore relié télégraphiquement à Bizerte. Il serait en outre question d'y installer un poste de télégraphie sans fil.

Une piste de près de trois kilomètres de longueur, conduit au sémaphore en côtoyant des ravins très profonds. L'ascension, pas trop pénible, peut se faire en une heure ; vingt minutes suffisent pour redescendre.

Sur les flancs du Djebel Nadour poussent, en abondance, le thym, le romarin, la bruyère, etc. Ces plantes, continuellement battues par le vent, ne s'élèvent guère au-dessus du sol et forment un immense tapis de verdure qu'émaillent de nombreuses fleurs pendant une grande partie de l'année.

Une seule source jaillit de la montagne, sur le versant de Porto-Farina. Malheureusement son niveau est trop bas et son eau, quoique abondante et de bonne qualité, ne peut être utilisée et se perd dans le lac. Située à plus de deux kilomètres du village elle ne sert qu'à abreuver les nombreuses bêtes de somme des indigènes et des Maltais qui se rendent, les premiers au pélerinage de Sidi el Mekki, les seconds, dans les jardins qui bordent le lac. Cette source dénommée " El Aïoun " pourrait rendre de grands services si elle était captée quelques mètres plus haut.

Quant à l'eau qui alimente Porto-Farina, elle provient d'une source située à 7 kilomètres et jaillissant sur les hauteurs qui dominent le village de Aousdja. De récents travaux, éxécutés pour la réfection de la conduite, ont fait découvrir les traces de 7 à 8 anciennes canalisations en maçonnerie, ce qui porte à croire que cette source avait été captée par les Romains.

Pour expliquer la rareté de l'eau dans la montagne, une légende locale veut qu'un cours d'eau souterrain traverse, dans toute sa longueur la chaîne de montagnes dont fait partie le Nadour? Ce cours d'eau, qui n'existe que dans l'imagination de la population, irait se jeter à la mer à la Pointe Farina en face l'île Plane, où il produirait un fort courant; la vérité est que la montagne est formée de couches rocheuses, presque verticales, qui ne laissent aucun passage à l'eau. Celle-ci s'en va jaillir sur l'autre versant, qui n'est pas rocheux, et forme plusieurs sources au-dessus de Raf-Raf. Une de ces sources, captée, alimente ce village ; les autres, dont quelques-unes à débit très important, servent à irriguer les nombreux vergers qui, avec la vigne, constituent la principale culture de Raf-Raf.

Si la région de Porto-Farina n'a pas beaucoup de sources, elle est, du moins, une des plus favo-risées de la Tunisie, sous le rapport de la pluie, qui y tombe régulièrement, et à intervalles assez rapprochés, de fin Septembre à fin Avril. Dans le dernier trimestre 1905, la station météorolo-gique de l'école a enregistré 488 millimètres d'eau.

Enfin, dans les environs du village, la nappe souterraine n'est pas trop difficile à atteindre, et dans quelques propriétés, il a été creusé des puits peu profonds, qui fournissent en grande abon-dance, de l'eau d'excellente qualité.

Le climat de Porto-Farina est tempéré, la mon-tagne abritant le village contre les vents du nord. Sa plus basse température enregistrée dans le dernier trimestre 1905 a été de 5 degrés. Pendant l'été de la même année le thermomètre est monté jusqu'à 40 degrés.

Le vent dominant sur la contrée est le vent du nord-ouest qui y souffle, quelque fois, avec une violence extrême.

Pendant l'hiver 1902, une grande statue en marbre qui se trouvait sur l'église, fut renversée par un ouragan du nord-ouest et les caroubiers, brisés par cette tempête, se comptèrent par centaines. Une barque, ancrée au bord du lac, fut soulevée comme un fétu de paille, lancée à une vingtaine de mètres, dans un champ d'orge, et réduite en miettes.

Les Romains avaient fondé une colonie à Porto-Farina. A trois kilomètres avant d'arriver au village actuel, on trouve des vestiges d'importantes constructions; si des fouilles bien dirigées, y étaient pratiquées, on ferait certainement des découvertes intéressantes. En 1895, un propriétaire maltais, M. Carmelo Camilleri, faisait creuser un puits dans son jardin. Ses ouvriers découvrirent presque à fleur de terre, un tombeau en marbre entouré des statues des neuf muses. Ce tombeau est au musée du Bardo depuis le mois de Mai 1898.

Non loin du jardin de M. Camilleri, le nommé M'hamed Ksiba a trouvé une base de colonne qui n'a pas moins de 85 centimètres de hauteur et dont la plinthe a 75 centimètres de côté; cette base supportait une colonne ayant 60 centimètres de diamètre et le monument dont elle faisait partie ne pouvait être que grandiose.

Au pied de la montagne, et au-dessus de Porto-Farina, on remarque des ruines qui semblent provenir d'anciens barrages. Plus bas, dans le village, on trouve, assez fréquemment des traces de canalisations, ce qui fait supposer que les Romains avaient suppléé au manque de sources en créant des réservoirs d'eau de pluie au pied du Nadour.

Avec les Arabes, Porto-Farina devint un des centres les plus actifs des opérations des corsaires qui y trouvaient, dans la darse et sous la protection de ses trois forts, un refuge contre les vaisseaux qui pouvaient leur donner la chasse. Ces trois forts et la darse, construits, dit-on par des ingénieurs génois, existent encore. L'un d'eux a été transformé en bagne. Des deux autres, l'un servit de lazaret au moment où les pélerins, au retour de la Mecque, débarquaient à Porto-Farina et y subissaient une quarantaine. Plus tard et jusqu'en Octobre 1904, on y installa une colonie de jeunes détenus indigènes. Enfin, le troisième fort fut transformé en infirmerie pour les forçats : l'humidité qui y règne le fit évacuer et, ainsi que l'ancien lazaret, il ne tardera pas à tomber en ruines. Ce fort, appelé "Borg El Oustani"[1] (le fort du milieu), est encore armé de ses vieux canons et on y voyait, il n'y a pas bien longtemps, une catapulte et son approvisionnement de gros boulets en pierre. La catapulte fut détruite par un agent du service pénitentiaire qui en fit du bois à brûler ; quand aux boulets, ils furent enlevés en 1903, par le garde-côte " Phlégéton " et transportés à l'arsenal de Sidi Abdallah. Quelques-uns furent envoyés au musée du Bardo, ainsi qu'une grande plaque en marbre qui était placée au-dessus de la porte principale de l'arsenal. Cette

(1) Le Bordj El Oustani est occupé actuellement par le poste de police.

plaque était couverte d'inscriptions arabes que les plus fins lettrés de Porto-Farina n'ont jamais su déchiffrer.

Quand Ahmed bey résolut de créer un port de guerre à Porto-Farina, d'immenses casernes furent construites autour de la darse. De nombreux ouvriers, tailleurs de pierre, maçons, menuisiers, forgerons, furent employés aux travaux de l'arsenal. Pour les empêcher de se sauver on prenait, le soir, la précaution de les enchaîner et de les enfermer dans un souterrain qui existe encore. Dans la journée ils étaient surveillés par des féroces spahis dont le bâton avait vite fait de faire rentrer sur le chantier, celui des ouvriers ou mieux des esclaves, qui auraient voulu le quitter. Mohamed Badria, maçon, encore vivant, a travaillé dans ces conditions pendant plusieurs années, et les souvenirs qu'il a gardés de cette période de sa vie sont loin d'être gais.

Les travaux terminés, le bey envoya une garnison de vingt mille hommes à Porto-Farina. Un jeune docteur français, le docteur Sorba, originaire de la Corse, remplissait les fonctions de médecin major. Il se maria avec une italienne dont le père, maître de port, était établi dans le pays depuis une vingtaine d'années. Le docteur Sorba est décédé à Porto-Farina à l'âge de 33 ans, ne laissant aucune fortune à sa veuve qui est morte dans la misère.

Le commandement de la garnison de Porto-

Farina fut confiée au général Salah Cheboud qui fit édifier de nombreuses constructions pour son usage personnel et pour celui de sa suite.

Quand Ahmed Bey eut résolu d'abandonner Porto-Farina, toutes les constructions qui avaient été édifiées furent abandonnées et, faute d'entretien, ne tardèrent pas à tomber en ruines. Les matériaux utilisables furent, en grande partie, utilisés par les habitants; le gouvernement de son côté, en fit prendre pour construire le Contrôle civil de Bizerte; le reste fut vendu et, à l'heure qu'il est, tout est détruit. Seules, des arcades qui longent un côté de la darse, sont encore debout. Ces arcades, derrière lesquelles se trouvent d'immenses magasins, sont dénommées ("La Kechla" la caserne).

Comme il a été dit au commencement de cette notice, Porto-Farina se trouve à 57 kilomètres de Tunis et à 44 kilomètres de Bizerte. Des routes carrossables, construites par les forçats, le relient à ces deux villes et à Ras el Djebel. Une diligence et un service d'automobiles assurent quotidiennement les communications avec Tunis et Bizerte et transportent le courrier.

La population de Porto-Farina se compose d'environ 1500 indigènes, de près de 400 maltais, de quelques familles italiennes et d'une quarantaine de français (exactement 49).

Les indigènes descendent, en grande partie, d'anciens forçats chrétiens qui, convertis à l'islamisme, se marièrent dans le pays et y firent souche. Les descendants de ces Européens ont conservé les noms et les traits de leurs ancêtres. Il n'est pas rare en effet, de rencontrer un individu blond, souvent roux, au nez aquilin, aux yeux bleus, aux longues moustaches blondes, a a qui l'on adresserait volontiers la parole en français ou en italien, en italien plutôt, s'il n'était habillé en arabe. Si on lui demande son nom, on peut être certain qu'il s'appelle ou " Kristou " ou " Zénouïze " (le génois), ou " Forçadou " (le forçat), ou " Blancou " (le blanc), ou " El Malti " (le maltais), ou " Zarrouk " dont l'ancêtre était napolitain. Le type européen se voit mieux chez les femmes qui ont presque toutes, paraît-il, le teint blanc, les cheveux blonds et les yeux bleus.

A propos de ces musulmans d'origine chrétienne, il n'est peut-être pas sans intérêt de remarquer qu'ils sont beaucoup plus croyants, ou tout au moins plus pratiquants que les arabes n'ayant aucun lien de parenté avec les Européens. Peut-être, par cet excès de ferveur religieuse, veulent-ils faire oublier ce qu'ils considèrent comme leur péché originel.

Les indigènes de Porto-Farina sont presque tous jardiniers. Quelques-uns pourtant, sont épiciers, boulangers, maçons, menuisiers, marins, barbiers. Un de ces derniers est en même temps "tebib" (médecin) et les remèdes qu'il prescrit à ses malades, en plus de la saignée obligatoire, ne sont ni bien difficiles à préparer, ni bien difficiles à prendre : des tisanes simples, de la "dendouna" (teinture d'iode), etc. Mais le remède qui a fait sa réputation est l'eau de "Janos" qu'il appelle tout simplement "El ma mtaâ el kerkedan" (l'eau de rhinocéros), un interprète facétieux lui ayant traduit "eau de Janos" par "eau de rhinocéros". Et le brave "tebib" a tellement confiance en son "eau de rhinocéros" qu'il n'hésite jamais à l'employer dans les cas qu'il considère comme désespérés !

De tous les indigènes qui exercent un métier, aucun ne se désintéresse complètement de son lopin de terre, et au moment des semailles des pommes de terre, semailles qui se font deux fois par an, en Octobre et en Janvier, magasins et ateliers sont désertés, et ouvriers et marchands redeviennent jardiniers.

Les jardiniers de Porto-Farina cultivent surtout la pomme de terre, qui est justement réputée dans toute la Tunisie et dont la production annuelle atteint une moyenne de 25 à 30.000 quintaux. Les principales variétés cultivées sont: la rouge, la rose, la rouge et la blanche de Naples et une variété indigène nommée " Kechelef " du nom de celui qui l'a cultivée le premier. Depuis deux ans on a essayé la culture de la pomme de terre de Hollande ; on verra dans le passage sur les primeurs les résultats de cet essai.

Un dicton populaire dit que Porto-Farina n'a que " El Djebel ou El Bahar " (la montagne et la mer). Les habitants ne disposent en effet, comme terrain cultivable que de la bande de terre qui se trouve entre le pied de la montagne et le lac. Dans certains endroits, cette bande est tellement étroite qu'il a fallu prendre, sur la montagne, l'espace nécessaire au passage de la route de Sidi El Mekki. Il n'est pas étonnant que, dans ces conditions, le terrain soit cultivé avec un soin minutieux et qu'aucune parcelle n'en soit laissée inculte. Quelques propriétaires se sont attaqués à la montagne et, à l'aide de nombreux murs de soutènement, ont réussi à agrandir leurs jardins. D'autres ont transporté du sable à dos d'âne et, grâce à d'abondantes fumures, ont pu constituer des jardins là où ne poussaient auparavant que quelques maigres buissons de romarin ou de câpriers.

Enfin, la langue de sable qui sépare le lac de la langue de Sidi El Mekki a été transformée en jardins. C'est dans ce sable, toujours humide et abondamment fumé, que l'on récolte, outre des pommes de terre et des tomates, des melons, recherchés sur le marché de Tunis, et dont la vente laisse, entre les mains des producteurs, un bénéfice appréciable.

Pour garantir, pommes de terre, tomates et melons contre le vent, on entoure chaque planche d'une épaisse rangée de " Zenzesfoura ", variété de saule épineux dont les petites fleurettes jaunes répandent une odeur très pénétrante.

Quelques jardiniers commencent à cultiver les

choux-fleurs et les choux dont ils achètent la graine à Tunis ; le choux cœur de beuf a toutes leurs préférences. Enfin tous cultivent le pavot dont ils tirent l'opium. Mais ces cultures, qui demandent beaucoup de soins et surtout beaucoup de temps, ne sont plus rémunératrices, le prix de l'opium étant tombé de 80 frs à 30 frs le kilogramme.

La culture des arbres fruitiers est très prospère à Porto-Farina. Outre l'amandier et le caroubier, que l'on plante dans les terrains rocailleux et de mauvaises qualité, les arabes cultivent, non sans succès, le figuier, le poirier, le pommier, le prunier, l'abricotier, le pêcher, le mandarinier, l'oranger.

Les caroubes et les amandes de Porto-Farina sont très renommées. Les amandes cassées sont vendues à Tunis de 180 à 190 frs le quintal. Les caroubes sont surtout vendues à Souk el Arba et même à Souk Ahras. Leur prix, sur place, varie entre 11 et 15 frs. le quintal. Ce prix est d'autant plus rémunérateur que le caroubier ne demande aucun soin de culture. Enfin, les figues constituent un bon revenu, qu'elles soient vendues fraiches ou sèches. Pour hâter leur maturité, on emploie le procédé suivant : avec un morceau de bois effilé, on perce la figue dans le sens de la longueur ; puis, à l'aide de ce même morceau de bois, on y introduit une goutte d'huile. Deux jours après avoir été soumise à cette opération, la figue est mûre. Elle ne vaut pas, il est vrai, la figue qui a mûri naturellement, mais venant plus tôt elle se vend mieux.

Quelques indigènes sont réputés comme bons greffeurs ; la seule greffe pratiquée par eux est la greffe en écusson.

La culture des primeurs est pratiquée depuis longtemps à Porto-Farina et laisse des bénéfices appréciables à ceux qui s'y livrent. Elle serait plus rémunératrice si les jardiniers employaient des procédés de culture plus modernes, et s'ils semaient des variétés améliorées.

Dans chaque jardin on trouve une petite planche de terre, préparée d'une façon spéciale. Sous l'anfractuosité d'un rocher, derrière une haie ou le long d'un mur, le jardinier a disposé une couche de bon terreau ; c'est là qu'au mois d'août, il fera son semis de tomates dont les plants, repiqués de bonne heure, donneront des primeurs.

Pour garantir les jeunes plants contre la chaleur de la fin de l'été, le jardinier établit au-dessus du semis, une toiture de branchages, d'herbes, de joncs ou de feuilles de palmier. Cette toiture servira aussi, plus tard, à protéger le semis contre le froid et l'humidité de la nuit. Enfin, des branches d'olivier ou des roseaux, plantés verticalement sur les côtés de la planche, mettent, relativement, les plants de tomates à l'abri des vents. Grâce à des arrosages judicieusement dosés, ces plants ne tardent pas à atteindre dix à quinze centimètres de hauteur ; ils sont, à ce moment, gros comme des plumes d'oie et n'ont pas de branches latérales. Pour faire pousser ces branches, le jardinier éclaircit son semis, pince les plants qu'il laisse en terre et, pour les rendre plus robustes, supprime les arrosages pour quelques jours. Lorsqu'il juge que les plants sont assez forts, il les repique en pépinière et toujours dans un endroit bien abrité et bien exposé. Enfin, au mois de Novembre, ces plants sont définitivement mis en place. Le terrain qui doit les recevoir est copieusement fumé et bien préparé d'avance. Il est ordinairement divisé en 7 planches assez étroites et entouré d'une haie de palmiers, de roseaux ou de branches d'olivier entrelacées.

Chaque planche est en outre séparée de sa voisine par une haie brise-vent, formée par une épaisse rangée de zenszesfouras. Les jeunes tomates sont plantées au fond de trous, peu profonds, que le jardinier a creusé à environ un mètre 50 l'un de l'autre. Sur les bords de ces trous, et du côté d'où vient ordinairement le vent, on dispose quatre ou cinq branches de palmier, de façon à former un éventail. Ce sera le seul abri qui garantira la plante, pourtant très délicate, contre les froids de l'hiver. Ceux-ci ne sont pas, heureusement, bien rigoureux et c'est ce qui explique que, malgré cette installation rudimentaire, peu de tomates périssent.

Les tomates mises en place, il ne reste plus grand chose à faire au jardinier qui se contente de les biner légèrement une fois ou deux, d'arracher les mauvaises herbes et de les arroser quelque fois, si l'hiver n'est pas trop pluvieux.

Les premières tomates sont récoltées fin Avril et se vendent, à Tunis et à Bizerte, entre 5 et 6 francs le panier de cinq kilogrammes. Ce prix baisse sensiblement à partir du 15 ou 20 mai, époque à laquelle la récolte est plus abondante.

En prenant quelques précautions on pourrait arriver à récolter des tomates bien avant le mois de Mai. Sur un pied que j'ai soigné spécialement dans mon petit jardin, j'ai pu avoir trois tomates bien mûres, le 10 Mars.

A la culture des tomates les jardiniers devraient joindre celle des petits pois qui viennent très bien à Porto-Farina. L'automne dernier, le gardien chef du bagne en a semé un petit carré sous les fenêtres de l'école : il a pu récolter des petits pois la veille de la Noël. Cette culture, ainsi que celle des haricots verts, procureraient certainement de beaux bénéfices à celui qui voudrait les pratiquer sur une assez grande échelle.

Enfin la nature du terrain de Porto-Farina se prêterait très bien à la culture des asperges.

Mais de toutes les cultures qui pourraient être avantageusement pratiquées à Porto-Farina, celle de la pomme de terre donnerait certainement les meilleurs résultats.

En 1904, la Société des Primeuristes tunisiens engagea les jardiniers à semer la pomme de terre de Hollande et, à cet effet, elle leur livra une certaine quantité de semence. L'essai fut tenté dans de mauvaises conditions : la semence qui n'était pas, paraît-il, de première qualité, ne put être mise en terre que très tardivement ; d'un autre côté, l'hiver fut assez rigoureux et les froids des premiers jours de Janvier firent beaucoup souffrir les pommes de terre. Bref, le résultat fut négatif et la Société des Primeuristes renonça à poursuivre l'expérience.

Sur les conseils d'un Français, qui lui procura la semence, le nommé Mohamed Belhadj Othman reprit l'idée pour son propre compte et il sema, cette année, des pommes de terre de Hollande.

Il y a tout lieu de croire qu'il n'a pas eu à le regretter puisque, vers le 15 Décembre dernier, il a pu récolter deux quintaux environ de belles pommes de terre. La Société des Primeuristes tunisiens s'est chargée de les expédier et de les vendre. Le prix rémunérateur qu'il ne peut manquer d'en avoir tiré, l'engagera à recommencer et son exemple sera suivi par d'autres.

La culture des primeurs deviendrait ainsi une source de bénéfices pour la laborieuse population de Porto-Farina. A ce point de vue elle mérite d'être encouragée.

Enfin, les arabes cultivent les œillets dont ils

sont grands amateurs et dont ils tirent un grand profit. La variété la plus recherchée est le " marchouch ", œillet blanc panaché de rose, dont le plant, en pot, se vend couramment 2 fr. à 2 fr. 50. Les plus beaux pieds atteignent quelquefois 5 francs. Mais l'œillet le plus rare est l'œillet blanc panaché de vert créé par "El Hedi Roustan" qui assure avoir obtenu cette variété en greffant un œillet blanc sur..... du persil ! J'ai hâte d'ajouter que ce fameux œillet n'a jamais existé que dans la très fertile imagination de El Hedi. Pour s'en convaincre, il suffit de lui en demander une bouture ; il ne manque jamais de bonnes raisons pour la refuser.

El Hedi est mon ami depuis que j'ai eu l'air de croire à son œillet vert. Comme il me racontait de quelle façon il s'y prenait pour greffer son pied de persil, je lui fis la remarque, qu'en effet, les racines de l'œillet avaient beaucoup de ressemblance dans celles du persil. Le brave El Hedi, croyant avoir trouvé quelqu'un qui prenait son histoire au sérieux, était transporté de joie et ne cessait de me répéter : " Rihit ? Rihit ?" (Tu as vu ? Tu as vu ?). Depuis ce jour il est plus persuadé qu'il a créé l'œillet vert. Cela ne l'empêche pas, du reste, et pour cause, de m'en refuser la moindre bouture ou la plus petite fleur. La région de Porto-Farina étant très florifère, les habitants élèvent beaucoup d'abeilles. Les ruches sont formées d'un simple panier en paille et les moyens d'extraction de miel sont des plus rudimentaires. Aussi le rendement est-il peu appréciable.

Comme il a été dit plus haut, la population maltaise se compose d'environ 400 âmes. La première famille maltaise établie à Porto-Farina est la famille Baldacchino qui est dans le pays depuis près d'un siècle. Plus tard vinrent les Muscat, les Crima, les Camilleri, les Bugeia, les Spiteri, les Meylak. Les premiers maltais vivaient de la pêche et surtout de la contrebande de tabac et de poudre. Quand la contrebande fut sévèrement réprimée, ils se tournèrent vers l'agriculture et prenant exemple sur les indigènes, ils devinrent d'excellents jardiniers. En général, le maltais de Porto-Farina est travailleur et sobre. Ses procédés de culture sont les mêmes que ceux des indigènes dont il a pris, du reste, les coutumes, les mœurs et un peu le costume. La femme maltaise ne sort que très rarement, si ce n'est que pour aller à l'église ; dans ce cas, elle est couverte d'un grand châle qui lui cache presque complètement la figure. Si elle est obligée d'aller chez une parente, elle fera un long détour pour ne pas passer sous le souk ou dans une rue exclusivement habitée par des indigènes. Cette peur des arabes n'a pourtant pas empêché quelques maltaises de se marier avec des musulmans. Une de celles-ci passe pour être sorcière et vit aux dépens des naïfs, qui vont consulter la " déguezr" (devineresse) pour toutes les affaires de quelque importance. Et ce qu'il y a de plus curieux c'est que ses anciens correligionnaires, les maltais, ou plutôt les maltaises constituent le plus clair de sa clientèle.

La population française de Porto-Farina comprend quelques pêcheurs et quelques fonctionnaires et leurs familles.

A environ 6 kilomètres du village, et non loin de la pointe Farina, se trouve le marabout (tombeau) de Sidi el Mekki. Bâti sur le flanc de la montagne qui, à cet endroit, est presque taillée à pic, on y accède par un sentier très raide qui surplombe la mer.

Sidi el Mekki est un lieu de pélerinage très fréquenté, surtout par les femmes, qui y viennent de Mateur, de Bizerte, de Tunis et même de plus loin. Chaque pèlerin, ou tout au moins chaque chef de famille qui y amène femme (ou femmes) et enfants, apporte une bête, mouton, chèvre ou même poule, qui est égorgée en l'honneur du saint marabout et surtout pour le grand profit de l'Oukil, qui prélève le quart sur toutes les offrandes.

La réputation de sainteté de Si el Mekki est tellement bien établie qu'il n'y a pas de forçat libéré qui ne lui consacre sa première journée de liberté.

Les Djerbiens, établis dans le nord de la Régence, font de Sidi el Mekki leur lieu de pélerinage préféré. Chaque année, au mois d'août, ils se réunissent en grand nombre et, en voiture, en charrette, à cheval, à dos d'âne et même à pied, se rendent à Sidi el Mekki, étendards déployés et musique en tête. Arrivés le lundi matin, ils repartent le jeudi soir. Pendant quatre jours ce ne sont que chants, danses, fantasias coups de fusils, couscous monstres. Il n'est pas rare que ces fêtes soient troublées par des accidents : c'est ainsi qu'un Djerbien a été tué net par un tromblon qui, chargé jusqu'à la gueule, lui a éclaté dans la main.

Un vieil italien qui a embrassé la religion musulmane et qui habite Porto-Farina depuis une soixantaine d'années, m'a raconté la légende suivante :

« Il y a bon nombre d'années, un ermite chrétien, nommé Michel, venu on ne sait d'où, s'établit dans une grotte de la montagne. Il partageait son temps entre l'étude et la contemplation. Les coquillages qu'il allait ramasser au bord de la mer étaient sa seule nourriture. La vie austère qu'il menait ne tarda pas à attirer l'attention des arabes, et à lui gagner leur sympathie. Pendant toute sa vie il fut entouré de respect et, à sa mort, il fut enterré dans sa grotte par les soins des arabes qui, depuis, le vénèrent comme un saint sous le nom de Sidi el Mekki (Saint Michel). »

D'après la légende, les livres du saint marabout existeraient encore, de même que son cadavre qui serait conservé d'une façon surprenante. Nul n'ayant été appelé à vérifier cette assertion, il y a lieu de la reléguer dans le domaine de la fantaisie. Toujours est-il que les arabes attribuent à Sidi el Mekki le pouvoir de faire des miracles: une semaine passée au tombeau du célèbre marabout guérit un malade aussi bien, sinon mieux que pourrait le faire le plus grand médecin, et quelques glissades sur une pierre *ad hoc* suffisent pour rendre féconde une femme stérile. Il faut croire que bien nombreuses sont les femmes arabes qui se trouvent dans ce cas, car la pierre magique a tellement servi que sa surface en est devenue unie comme une glace. Enfin Sidi el Mekki aurait une influence considérable sur le sexe des enfants à naître. L'enfant sera du sexe masculin ou du sexe féminin suivant l'importance du cadeau offert.

Les habitants de Porto-Farina sont très jaloux de leur saint marabout. D'après mon vieux conteur italien, au moment de l'occupation française, ils n'auraient pas été loin de prendre les armes pour le défendre ; un mauvais plaisant ayant fait courir le bruit que la campagne de Tunisie n'avait pas d'autre but que celui d'enlever le tombeau de Saint Michel aux infidèles ! Les autorités durent déployer beaucoup d'éloquence pour prouver à leurs naïfs administrés que nous nous étions dérangés pour autre chose.

A Sidi el Mekki se trouve un plage superbe qui s'étend jusqu'à la Marsa. Sans fond dangereux, cette plage est, l'été, le rendez-vous de tous les pêcheurs à l'épervier de Porto-Farina et de Raf-Raf. C'est, en effet, à cette époque qu'a lieu le passage des mulets dont la femelle porte une boutague (œufs) très estimée. Cette pêche fournit l'occasion de nombreuses parties de plaisirs qui, malheureusement se terminent, la plupart du temps, par une orgie dont l'anisette et l'absinthe font tous les frais.

Les mulets pêchés dans la journée sont vendus à Porto-Farina. Le pêcheur en garde quelques-uns parmi les plus gros pour son repas du soir et celui de ses invités. Ces mulets, grillés sur des charbons ardents, constituent un mets assez agréable.

Le plus renommé de ces pêcheurs est El Hedi Roustan, le même qui prétend avoir créé l'œillet vert. Pendant un séjour que je fis sur la plage avec ma famille aux dernières grandes vacances, j'avais pour voisin mon ami El Hedi. Le soir il venait volontiers causer avec moi, et il m'arrivait souvent, si la lune le permettait, de l'accompagner à la pêche. Que nous fussions à la maison, à déguster notre café ou sur la plage à guetter le poisson, El Hedi avait toujours une nouvelle du soir à me raconter. Il est vrai que souvent l'histoire m'avait été déjà racontée deux ou trois fois par lui-même ; mais comme il avait soin d'y introduire de nombreuses variations et que, d'un autre côté, je ne voulais pas lui faire de la peine, je l'acceptais comme si je l'entendais pour la première fois. Un jour, il avait capturé quatre canards sauvages d'un coup d'épervier, une autre fois il avait un énorme loup (poisson de mer à chair très délicate) qu'il avait eu toutes les peines du monde à tirer sur la plage et qu'il avait été obligé de tuer d'un coup de fusil ! Enfin, un soir, alors qu'il était employé à la pêcherie, il était tellement rentré de daurades dans les bordigues qu'il surveillait qu'il ne voyait plus l'eau. « Les daurades, me disait-il, étaient entassées dans les bordigues comme les sardines dans un baquet. »

Mais là où El Hedi n'a pas son pareil, c'est dans la confection d'une Mechoua (grillade de mulet). A Tunis même on le connaît et il y a quelques années il fut prié d'en préparer une pour un Ministre dont il a oublié le nom.

« En un tour de main, me disait El Hedi, les mulets étaient pêchés et nettoyés. Ramasser le bois et préparer la braise fut l'affaire d'un instant et au bout d'un temps relativement court, la Mechoua cuite à point était soigneusement emballée et chargée sur une mule qui partit à francs étriers. Deux heures plus tard la Méchoua était sur la table du Ministre : le poisson était arrivé chaud. »

Par retour du courrier El Hedi reçut les félicita- du Ministre et une somme de 100 piastres ? ? »

Les pêches de El Hedi Róustan feraient mauvaise figure à côté de celles que l'on fait dans la pêcherie installée dans le lac de Porto-Farina. Jusqu'en 1898, la pêche était libre dans le lac. A cette époque, elle fut concédée à M. Lisbonis, ancien Secrétaire général de la Municipalité de Tunis, moyennant une redevance annuelle de 500 francs. Cette concession était valable pour une durée de douze années. M. Lisbonis exploita lui-même sa pêcherie pendant six mois, puis il la céda à M. Demange. Ce dernier s'en déssaisit à son tour, en 1903, en faveur de MM. Bonello et Pisani, de Tunis, qui l'exploitent encore.

La pêche est pratiquée au moyen de bordigues, de verveux et de filets flottants.

Un barrage fait de panneaux en grillage de fer, fermé la seule passe qui permettrait au poisson de gagner la mer. Ce barrage forme une ligne brisée de près de un kilomètre de longueur. C'est au sommet des angles sortants de cette ligne brisée, que sont installées les bordigues.

Une flottille d'une dizaine d'embarcations et de nombreux filets complètent le matériel d'exploitation.

Un nombreux personnel est employé à la pêcherie. Outre un comptable français, il comprend un "raïs" (maître pêcheur), une vingtaine de pêcheurs italiens, quatre inscrits maritimes, qui sont spécialement affectés à la pêche aux filets, et quelques gardiens. Ces derniers ne sont pas moins nécessaires que les pêcheurs, car les braconniers sont légion et réussissent souvent à tromper leur vigilance.

La pêche aux filets est pratiquée par des barques françaises commandées par des inscrits maritimes. Une partie du poisson pêché par ces inscrits est exporté et ne paie pas de droits à sa sortie de Tunisie.

Les bordigues sont des espèces de grandes nasses en grillage de fer. La pêche par les bordigues se fait automatiquement et ne demande qu'un personnel très restreint, souvent même un seul homme suffit. Sa tâche consiste à surveiller la bordigue et à en fermer la porte lorsqu'il juge suffisante la quantité de poisson qui s'est laissée prendre. Cette surveillance ne s'exerce, du reste, qu'à certaines heures de la journée. Le lac de Porto-Farina est, en effet, soumis à l'influence du flux et du reflux. Pendant six heures consécutives l'eau de la mer rentre dans le lac avec assez de violence pour rendre pénible la sortie d'une barque ; pendant les six heures qui suivent c'est, au contraire, l'eau du lac qui sort Or, le poisson marche toujours contre le courant : c'est donc au moment où celui-ci rentre dans le lac que le poisson cherche à en sortir. En bancs serrés, il se dirige vers la passe, pour gagner la mer ; mais il est vite arrêté par le barrage qu'il se met alors à longer, avec l'espoir de trouver une issue. La moindre déchirure dans le grillage peut laisser passer un quantité considérable de poisson. Aussi, le barrage est-il soigneusement et fréquemment visité par le personnel de la pêcherie. Si le barrage est intact, le poisson continue sa marche et, arrivé devant la porte d'une bordigue, il s'y introduit et n'en peut plus sortir. Armé d'une épuisette à mailles très solides, le pêcheur a vite fait de le faire passer de la bordigue dans la barque qui le transportera à terre.

Pendant l'été, au moment de la pêche du mulet,

l'épuisette est abandonnée et les pêcheurs prennent le poisson à la main. Cette pêche n'est pas sans danger. Le mulet peut, en effet, sauter à plus d'un mètre de hauteur au-dessus de l'eau. Lorsqu'il se voit acculé contre le grillage de la bordigue, il s'élance comme une flèche et essaie de sauter par dessus les parois de sa prison. Il n'est pas rare, dans ce cas, que le pêcheur le reçoive en pleine figure et avec assez de force pour que le sang coule. Afin d'éviter les accidents il ne descend dans la bordigue que le visage protégé par un masque d'escrime.

Le poisson pêché par les bordigues, ou par les filets, est transporté à Porto-Farina, dans l'après-midi et mis en caisses. A l'aide de casiers mobiles et disposés horizontalement, ces caisses sont divisées en compartiment. Dans chacun de ces compartiments on dispose une rangée de poissons que l'on recouvre d'une couche de glace pilée. Afin que le poisson ne soit pas en contact direct avec la glace, on l'isole avec une feuille de papier glacé. Dans la soirée, ces caisses, hermétiquement fermées, sont chargées sur des charrettes qui les transportent à Tunis et où, pour éviter la chaleur, elles doivent arriver le lendemain à la première heure.

Les principales espèces de poissons pêchés dans le lac de Porto-Farina sont : le loup, la sole, la daurade, le marbré, l'anguille, le spars et les différentes variétés de mulet. On y pêche aussi quelques rougets et quelques goujons. Ces deux dernières espèces ont presque disparu depuis qu'un bras de la Medjerdah se déverse dans le lac.

Chaque espèce de poisson est pêchée à une époque différente.

Ainsi la pêche de la sole se fait en Mai et Juin ; la daurade, qui ne sort que par les fortes chaleurs, est pêchée surtout en Juin et Juillet ; on la pêche aussi beaucoup en Octobre qui est le mois de sa passe régulière.

Comme la daurade, le mulet sort au moment des fortes chaleurs ; les pêches de mulet les plus abondantes se font en Août et Septembre. Cette pêche est alors d'autant plus rémunératrice que les femelles portent des boutargues (œufs) qui, une fois séchées, se vendent 5 à 6 francs le kilogramme.

L'anguille se pêche en Février, Mai et Juin et le spars en Octobre et Novembre. Enfin le loup, se pêche surtout de Décembre à fin Février.

Pour permettre l'empoissonnement du lac, lo barrage qui ferme la passe est enlevé à la fin de Février et n'est rétabli qu'à la fin d'Avril.

En 1907, M. Dulucq, comptable de la pêcherie, découvrit un banc d'huîtres dans la partie sud-est du lac. Ce banc fournit une quantité considérable d'excellentes huîtres qui n'ont que le défaut d'être de forme irrégulière. Ce défaut disparaîtra lorsqu'elles seront élevées dans le parc à huîtres qu'un spécialiste, venu de France, est en train d'installer dans la passe.

Pendant les mois de Décembre, Janvier et Février, le lac est continuellement sillonné par des vols considérables de canards sauvages et de nacreuses. On peut aussi y chasser le flamant, le héron, l'aigrette, la mouette, l'hirondelle de mer, etc...

La chasse étant libre sur le lac, les nemrods, qui ne craignent pas trop le froid, peuvent s'en donner à cœur joie.

Qu'il nous soit permis d'ajouter que Porto-Farina, digne d'un meilleur sort, grâce à ses pêcheries, à ses chasses abondantes et à sa population laborieuse, n'a pas perdu tout espoir de résurrection.

Il est question, comme il a été dit, d'y établir un poste de télégraphie sans fil et le projet d'y entretenir une station de torpilleurs ne paraît pas abandonné. Le pays mérite mieux qu'une visite. Un véritable séjour s'impose. Promeneurs, chasseurs, pêcheurs, archéologues pourront y satisfaire leurs goûts.

C'est cet ensemble de ruines imposantes, cet aspect de ville endormie sur les rives d'un beau lac entouré de montagnes verdoyantes au milieu de fertiles jardins qui donne à Porto-Farina un caractère si particulier à la fois mélancolique et attachant.

Cette petite ville, qu'elle soit aperçue dorée par le grand soleil ou baignée par les rayons argentés de la lune, m'a laissé une impression que plusieurs années d'éloignement n'ont pu atténuer. Mon but sera atteint si ces quelques lignes donnent à des voyageurs amateurs d'inédit l'heureuse inspiration de faire, loin des sentiers tracés, une visite à la cité morte de Porto-Farina. [1]

Coye (Oise).

P. CÉZILLY.

(1) Un service quotidien d'autobus fonctionne entre Tunis et Porto-Farina. Le voyageur peut trouver logement et nourriture dans deux hôtels à peu près confortables. La localité est pourvue d'un bureau des postes et des télégraphes, église, marché, école, etc.